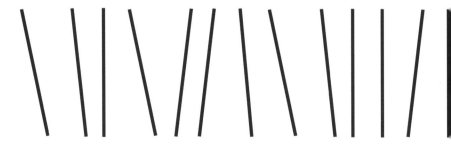

as formas da casa | hugo lima

as formas da casa | hugo lima

As formas da casa © Hugo Lima 11/2023
Edição © Crivo Editorial, 11/2023

**Edição e revisão:** Amanda Bruno de Mello
**Preparação de texto:** Marcos Oliveira e Luis Alberto Brandão
**Concepção da capa:** Hugo Lima
**Projeto Gráfico e diagramação:** Lila Bittencourt
**Coordenação editorial:** Lucas Maroca de Castro

---

Dados Internacionais de Catalogação na Publicação (CIP) de acordo com ISBD

---

L732f  Lima, Hugo
       As formas da casa [manuscrito] / Hugo Lima. - Belo Horizonte:
          Crivo, 2023.

          56p. : 13x23cm.
          ISBN: 978-65-89032-62-5
       1. Literatura brasileira. 2. Poesia brasileira 3. Emoções na
literatura. 4. I. Título.
                            CDD: B869.1
                            CDU:  869.0(81)

---

Elaborado por Alessandra Oliveira Pereira CRB-6/2616

   Índice para catálogo sistemático:
   1. Poesia brasileira   CDD B869.1
   2. Poesia brasileira   CDU  869.0(81)

Crivo Editorial
Rua Fernandes Tourinho, 602, sala 502
30.112-000 - Funcionários - BH - MG

- www.crivoeditorial.com.br
- contato@crivoeditorial.com.br
- facebook.com/crivoeditorial
- instagram.com/crivoeditorial
- crivo-editorial.lojaintegrada.com.br

# Sumário

outra vez
**11**

iridescência
**12**

breakfast
**13**

porta-retrato
**16**

os banhos de tritão
**17**

história do gesto
**18**

mapa astral
**19**

how to build a home?
**20**

silêncio
**21**

still life with oranges
**22**

#nudes
**23**

lacaniações
**25**

a prosa do mundo
**26**

triângulo
**27**

à bout de souffle
**28**

motor
**29**

teoria da relatividade
**30**

visages
**31**

claire de lune
**32**

sagrado
**33**

profano
**34**

comunhão
**35**

fome
**36**

aos teus
**37**

écfrase
**38**

recanto
**39**

instrumento
**40**

refrão
**41**

viver junto
**42**

pedagogia
**43**

drama
**44**

lembretes
**45**

noite feliz (ou #tbt)
**46**

o sonho
**48**

parar de fumar
**50**

sopro
**51**

antologia
**52**

recomeço
**53**

*Sim.*
*Todos os poemas*
*são de amor.*
*Pela rima,*
*pelo ritmo,*
*pelo brilho*
*ou por alguém,*
*alguma coisa*
*que passava*
*na hora*
*em que a vida*
*virava palavra.*

Alice Ruiz

# outra vez

ouvir você girar a chave
na fechadura da porta
me fez sentir de volta
aquela alegria
de gérberas se abrindo
manhãs de domingo
disco novo do chico
tocando no iphone
tudo esperando
esperando
para ver você entrar e habitar
o espelho o pijama
o lado esquerdo da cama
o isqueiro a varanda
as toalhas os talheres
e todas essas coisas
que você deixou
quando ainda não sabíamos
se iria voltar

# iridescência

notas de sândalo
toranja e cardamomo
perfumam a casa
outra vez

serenidade e plenitude
sua silhueta iridescente

todos os rituais de renovação
atualizados com sucesso

# breakfast

1.

cultivamos paixões
e chás de amora
a crocância das massas
dos dias o aroma
que escapa
das xícaras posicionadas
como astros na bandeja
um pires em órbita
anéis de uma galáxia
ainda desconhecida
as pequenas colheres
abarrotadas de cristais
a beleza transpassada
da vida

**2.**

cultivamos a luz
desta manhã
refletida nos lençóis
a passagem das horas
tatuada na pele
cada coisa e seu silêncio
elementar a palavra
e sua ideia
este verso a inaugurar
uma língua

**3.**

cultivamos a alegria
de escrever poemas
para adiar instantes
fazer ruído nos silêncios da casa
manter certa desordem
para que o amor ganhe outros
nomes outras formas
outros versos
para que uma manhã
como esta não seja só
uma manhã como esta

## porta-retrato

olhos distraídos
a contemplar a claridade
que invade o quadro
a sala a vida

depois da chuva
remanso e moldura
o amor dos vizinhos
um cão que ladra

um olhar distante

# os banhos de tritão

meu corpo suspenso
ao ouvir sua voz
a cantarolar nossas
músicas no chuveiro

graves e agudos
ecoam
pelo apartamento

como se estivéssemos
num eterno woodstock

# história do gesto

as civilizações
se prepararam
por milhares de anos
para testemunhar
este encontro
nesta cidade
neste bairro
nesta rua
neste apartamento
este momento
em que minha mão
repousa
sobre a sua

# mapa astral

seu sol em gêmeos
minha lua em aquário
meu sol em aquário
sua lua em gêmeos
meu mercúrio em gêmeos
sua vênus em aquário
seu marte em gêmeos
meu júpiter em aquário
seu saturno em aquário
meu urano em gêmeos
seu netuno em gêmeos
meu plutão em aquário
seu corpo em aquário
minha alma em gêmeos

# how to build a home?

*ao som de 'inverno'*
*com adriana calcanhotto*

você não se importa se faz frio
nesta manhã de julho
tira o casaco, fuma um cigarro
sorri para o espelho
ajeita o cabelo
faz um café
repete que
já não interessa
se estamos em londres
buenos aires ou aqui
o importante é que
construímos um lar
lemos krenak
ouvimos caetano
vemos as montanhas
da nossa janela
temos paixão

e que um avião todos os dias
sobrevoa nosso edifício

# silêncio

p
o
u
s
o
u
no meio da sala
no meio do nada
no meio da tarde
que passou

# still life with oranges

deitados
neste sofá
avistamos
sobre a mesa
laranjas que
dia após dia
apodrecem
na fruteira

o bolor lentamente
consumindo as cascas
me remete a um quadro de matisse
que me remete a
um de cézanne que me remete
a um quadro cujo título é
still life with oranges

que me traz de volta
a esta tarde
de domingo
em que juntos experimentamos
despreocupados
o sumo de nossas vidas

# #nudes

pela tela
sua nudez
se revela

renascentista?
impressionista?
picatoresca?

a cor da sua pele
traduzida em pixels
me decifra
me convida a leituras
mais profundas

amplio seu corpo
com a ponta dos dedos
deslizo meus dígitos
sobre seu peito
seu quadril inclinado
suas coxas lisas e grossas
suas pernas levemente
abertas ao meu desejo

tateio seus poros
virtuais
e sua imagem
então se apaga

15 segundos após
o gozo

# lacaniações

o meu tesão pelo beijo
os cuidados durante o banho
sua generosidade ao me servir
o jantar os bilhetes
dentro dos livros
na porta da geladeira
entre minhas roupas
o silêncio que nos envolve
depois de cada briga
a escolha das palavras
para os pedidos de desculpas
a lista de compras
a maneira como você pica
os legumes seus dedos ágeis
deslizando pelo teclado
do computador
um amontoado de coisas
que aqui estão para dizer
que tão excitante quanto o sexo
é a maneira como você
me seduz pelo afeto

# a prosa do mundo

os vinhos
fazem dançar
nossas cabeças

os corpos se
abraçam, se dissolvem
uns nos outros

a rede luminosa
da lua
adentra a sala

juntos
decantamos
vãs filosofias:

a poesia é
um mundo
no mundo

# triângulo

*trois est l'esprit de l'âge*

as virtudes divinas
a santíssima trindade
as dimensões do tempo

os lados da cama
os lugares à mesa
a disposição dos travesseiros

as taças de vinho
as escovas de dentes
as toalhas de banho

as partes do dia
os retratos na parede
a forma do nosso amor

# à bout de souffle

aqui
deitamos e rolamos
nossa vida

empilhamos garrafas
e livros
e uma porção de discos
com trilhas sonoras
do cinema francês

brincamos
de ser michel e patricia
talvez nem tanto michel
talvez nem tanto patricia
talvez sequer um godard

porém bêbados e felizes

completamente
sem fôlego
para o amor

# motor

entre apolo e dionísio
um riso

fruta madura
colhida
no pé do ouvido

nada se entende
nada se explica

coração é só músculo
o amor é o motor

## teoria da relatividade

da nossa janela
ao longe
as montanhas
impassíveis
[muito maiores e
mais antigas
que os mais altos
edifícios desta
cidade]
nos ensinam
todos os dias
sobre a duração
do tempo

# visages

*com agnès varda*

aprendi que
paisagem vem de dentro

# claire de lune

um poema
ao acaso
de verlaine

estrelas soltas
como notas
na partitura

meu corpo
no embalo da rede
descansa

a cidade se recolhe
sob o clarão da lua
enquanto o piano
se derrama
sobre a noite

## sagrado

dobrar a língua
ao pronunciar
seu nome

# profano

pronunciar seu nome
ao desdobrar
a língua

# comunhão

o corpo fundido dos seres
a comunhão natural
do espírito

penetração recíproca

o delicioso
jato de felicidade
no outro que ama

# fome

> *tudo, no coração, é ceia*
> carlos drummond de andrade

como cada silêncio
das suas palavras

## aos teus

tarde
que se põe
entre os
dedos

# écfrase

*na cadência de*
*marguerite duras*

essas mãos
abertas

mãos dos
afagos
do trabalho

das carícias
do fazer
mais ordinário

mãos
que desenham
que escrevem

carregam em si
marcas do tempo
linhas do destino

essas mãos
que tanto amo

# recanto

você lê em voz alta
uns trechos do herberto
e eu
plateia atenta
percebo o quanto poesia é som
ritmo

sua voz passeia pelos meus ouvidos
quase como
se dançasse

e eu
de repente
me sinto dentro dela

um caracol apaixonado
morando em sua concha

## instrumento

deitado no seu peito
me dou conta:
há tempos
não ouvia nada tão sublime
samba de cartola
piano de chopin
som ao redor
apenas seu coração batendo
universo afora

# refrão

de algum lugar
veio este amor
para reinventar a lei
plantou brotou
floresceu
feito música feito poema
pela carne pela fresta
fez clarão
onde nem sonhava o dia
feito refrão feito melodia
a boca brilhando
coração vibrando
e tudo agora cintila
tudo agora é desejo
corpo na folia
dos carnavais
amor amor
entre iguais

## viver junto

nossas mesas de trabalho
dispostas em ângulo
obtuso

de um lado
freud quinet piaget
lacan e a clínica
fundamentos da psicanálise
teorias do pensamento
e da linguagem

do outro
drummond blanchot
júbilo memória noviciado
da paixão
um teste de resistores
antologias
da poesia contemporânea

entre um caderno
e outro
nossos cotovelos
se esbarram
nossas xícaras
se encontram
nossas vidas
se misturam

# pedagogia

você me ensina
os deslocamentos
as caminhadas
o olhar generoso

você me ensina
o ouvido atento
a escuta cuidadosa
o gesto genuíno

você me ensina
a ancestralidade
as singularidades
o tempo ao tempo

e eu, aluno de poesia
aprendo
a arriscada travessia
deste verso
ao outro

# drama

achei bonito
o jeito como você
cortou as cebolas
para disfarçar
o choro

# lembretes

às quartas-feiras
os compromissos começam cedo
mal temos tempo para o café
a louça fica por lavar
as chamadas no teams
são mais ágeis que os dedos
e-mails que vêm
pixes que vão
e só nos lembramos do almoço
quando a vizinha nos provoca
com o irresistível perfume
da cebola na manteiga

# noite feliz (ou #tbt)

uma foto sua
sobre a mesa
banhada do sol
desta manhã
de quinta-feira

uma foto sua
que me leva
a dezembro de 2015
quando nossos dedos
se encontraram
pela primeira vez
e nossos corpos
ensaiaram conexões

descobríamos ali
as digitais um do outro
as marcas no rosto
o hálito, o gosto

uma foto sua
no meio da praça
com todos os poros
iluminados

ambos acesos

como se aquela fosse
definitivamente
a noite mais feliz

# o sonho

*sobre uma fotografia*
*do guilherme pires*

éramos dois finos véus
de água salgada
que se encontravam
na areia

era a minha pele
sobre a sua
sua vida
adentrando a minha

dois finos véus
se entrelaçavam
se movimentavam
calmamente
pela praia

branca espuma
que avançava e recuava
recuava e avançava
numa dança
infinita

dois finos véus
de água salgada
fundidos para sempre

# parar de fumar

dois anos
trancados em casa
serviram para que parasse
de fumar

uma terapia
aprendida lentamente
com paciência
respirações ofegantes
e o desafio das horas

o que fazer com as mãos?
você me perguntava

ajeite os cabelos
escreva um poema
invente coreografias

você então
sem guimbas
nem cinzas
abria as janelas
e brincava com o vento

# sopro

para onde vão
as tardes que
se deitam
em seus cabelos?

em que espumas
se mistura
o delicado
da sua voz?

em que colo
adormecem
seus medos
e segredos?

em que sopro
estará guardado
o mistério
da sua vida?

# antologia

você recolheu
com cuidado
todas as palavras
que encontrou pela casa

dobrou e empilhou
uma a uma
em pequenos montes

colocou cada qual
nos devidos lugares

abriu uma cerveja
e ateou fogo

no que restou

# recomeço

o amor não se deita
o amor não descansa
o amor não se cansa
nunca
de recomeçar

numa quina
numa esquina
numa quinta-
-feira qualquer
na hora do almoço
no meio da tarde
ao dobrar os joelhos
ao lavar a louça
no refrão da música
no terceiro capítulo
de um livro esquecido
na parte mais alta
da estante
na toalha de mesa
no milk-shake de baunilha
num banho de sol

o amor se agita
se espreguiça
toma fôlego

gira as chaves
na porta

e adentra
outra vez

*agradeço ao felipe, ao marcos e ao luis alberto
pelas leituras cuidadosas e pela preparação destes textos.*